ALI – WINGS

Questo libro è bilingue (Italiano – Inglese)

This book is bilingual (Italian – English)

L'immagine in copertina è dell'artista:

Cover image by the artist:

Alessandro Massacesi

Titolo del quadro
"In amore è il sogno ad aver vinto la sospenzione dell'io, la natura è nulla in sospensione".

Title of the painting
"In love is the dream that have won the suspension of the ego, nature is nothing in suspension".

ALI – WINGS

Ilaria Massacesi de Arcangelis

Copyright © 2015 **Ilaria Massacesi de Arcangelis**
All rights reserved.

Cover image by **Alessandro Massacesi**
Foreword by **Nicole Giuliani**
Prologue by **Stephanie Siciarz**
English revision of the poems by **Andrew Wyatt**

All right reserved. No part of this publication may be reproduced or transmitted in any form or by any means without the express permission of the author. This includes reprints, excerpts, photocopying, recording or any future means of reproducing text.

Published in the United States by MMICLUB Press

ISBN: 0692530894
ISBN-13: 978-0692530894

A mio padre e mia madre

To my father and my mother

Al mare, al cielo e alle stelle

To the see, the sky and the stars

Prefazione

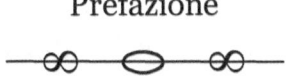

La poetessa Ilaria Massacesi de Arcangelis, con la sua raccolta poetica; "Ali", si impone, con versi eleganti, nella scena poetico-letteraria.

L'opera prima si suddivide in due parti. Le poesie della prima parte riflettono emozioni e malinconie di un giovane pensiero, che spesso, indugia nel ricordo di un recente passato. Vengono evocate immagini riguardanti un vissuto quotidiano, velato di gioiosa nostalgia. Il pensiero poetico dell'autrice rincorre una forma originale nell'immediatezza dell'osservazione trasfigurata nella poesia: "Amore alla finestra", il sentimento dell'amore vissuto anche nella sua universalità, viene declamato con uno stile linguistico pudicamente leggiadro. Le parole innocenti vengono sussurrate al cuore dell'amato, facendoci vedere, come un "tableau vivant", l'immagine familiare di uno spensierato istante di giovane vita.
I contenuti lirici della seconda parte riflettono, invece, la presa di coscienza, da parte della poetessa, di una realtà diversa da come la si era immaginata.
Viene utilizzata, in alcuni casi, una forma più vicina alla prosa. Segnale, questo, di una maggiore ed involontaria reticenza all'abbandonarsi, come un tempo nel mare delle sensazioni.

I temi trattati sono molteplici, cominciano a delinearsi, nel pensiero dell'autrice, nuovi spazi di osservazione.

La benigna natura prende posto nell'animo della poetessa e, con mano materna, accarezza i segreti tumultuosi del cuore.
Nella poesia: "eraM" si notano, sin dal titolo gli aspetti dicotomici dell'osservatore che scruta la natura nei suoi aspetti multiformi.
L'autrice osservando il mare si specchia in esso, prendendo a confronto due facce della stessa medaglia. Riuscendo a comprendersi e a raggiungere la serenità del proprio cuore. Organo vitale e pulsante, il suo, che fa sperare in un incontro di amorevoli intenti tra; uomo e natura, capace, quest'ultima, di far emergere la parte più bella dell'animo umano, unico custode di antichi segreti.

Nicole Giuliani*

*Nicole Giuliani è Presidente dell'associazione culturale "Les enfants rouge" in Atri (TE), Italia.

Prologue

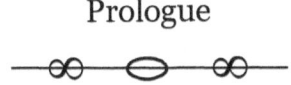

The poet Ilaria Massacesi de Arcangelis, whom I am fortunate to call my friend, has to me always embodied the idea of travel. From the Abruzzo region of Italy, where she was born, she has journeyed far, covering not only physical ground but metaphorical. Her life's path and choices have taken her from her hometown of Roseto degli Abbruzzi to live for extended periods in Bologna, Rome, Luxembourg and twice in the United States—each place almost a lifetime unto itself—and from girlhood, to womanhood, marriage, and motherhood. She has witnessed along the way the joys and sorrows that human beings are privileged to face, the births, the deaths, the betrayals, and, if we're lucky, the rescues. Throughout her travels, she has kept the sense of her beginnings—home and girlhood—in her heart, and this innocence imbues her poetic observations. As she shares her explorations with us, she seems an Alice marveling at the sights of Wonderland.

Ilaria divides this collection of poems, a sentimental voyage, into two parts. The first part was written between 1988 and 1993, and represents the twenty-something idealism whose main focus is romantic love. The second part, composed between 1993 and the present, sees the poet examine broader themes, from environmentalism, freedom, and friendship, to social responsibility, solitude, and death, to mention just a few.

The poems in this part are introduced with musings—something of prose poetry themselves—on why each poem came to be written. But though the poet's experiences have evolved beyond youthful romance here, the idealism and immediacy of her sensibilities has not been tarnished. It is as though creating home after home in new cities and on new continents has served only to fortify the foundations from which she started her journey. Even in the later poems, although she is grown, at heart she is still the marveling Alice.

The novelist George Moore said that "a man travels the world over in search of what he needs and returns home to find it." This in untrue in the case of Ilaria. As these poetic glimpses at her personal reflections and her most vulnerable moments reveal, despite her travels, Ilaria Massacesi de Arcangelis is always at home.

Stephanie Siciarz*

*Stephanie Siciarz is the author of the novels *Left at the Mango Tree* (Pink Moon Press, 2013) and *Away with the Fishes* (Pink Moon Press, 2014).

ALI - WINGS   Ilaria Massacesi de Arcangelis

" PENS – IERI "

Sei quello che amo, non essere spirito, ma te non persistente ma esistente.

L'amore non nasce, è eternamente in noi.
Viene fuori con l'incontro della persona giusta.

A volte chissà perché, mi capita di dire e fare cose che non riesco a spiegare.

" PENS – IERI "*

You are what I love, don't be spirit, but yourself

not persistant but existing.

Love doesn't born, it is eternally in us.

Comes out with the meeting of the right person.

Sometime I wonder why it happens that I say and do things

that I cannot explain.

*"Pensieri" means thoughts while "ieri" means yesterday. Therefore the separation "Pens" and "ieri" wants to give to the reader the meaning of: "what I thought yesterday".

ALI - WINGS   Ilaria Massacesi de Arcangelis

Part I

Dedicato ai sentimenti che noi chiamiamo complicità e comprensione, a quei momenti di vita in cui tutto sembrava possibile.

Giovinezza ed emozioni, tutto vissuto con la sofferenza dell'inesperienza di vita.

Oggi, sono solo le memorie che, come dico spesso: "Scaldano il cuore dei ricordi", dove la parola amore voleva racchiudere in sé il tutto ed assoluto.

Nella mia giovinezza una persona mi ha donato delle belle emozioni.

Da questa esperienza ho capito che l'amore è in noi ed è infinito.

Dedicated to those sentiment that we call complicity and understanding, to those moments in life when everything seemed possible.
Youth and emotions, everything experienced with the pains of inexperience.
Today it is only the recollections that, as I always say:
"Warm the heart of memories", where the word love includes the total and the absolute.
In my youth a person gave me the gift of beautiful emotions.
From this experience I learned that love is in us and is infinite.

Attimo impercettibile

Chiusa in me nell'istante in cui vedo lui
che mi guarda ma non parla
solo gli occhi esprimono con lo sguardo
quel che non vuol far capire
e non vuol dire alla mia mente
che rimane impassibile
alle cose che si muovono intorno a noi.

Attimo, solo attimo
è quel che si vive
quando in un momento non si parla ma ci si guarda
attimo, solo attimo
è quel che io vivo
attimo, solo attimo
per me sei tu.

Mi chiedo se è vero quel che leggo nei tuoi occhi
mi fermo nel dubbio, allora so cosa fare
se chiudo gli occhi, mi potresti baciare.

-1988-

Imperceptible moment

I close in on myself the instant I see him
when he watches me but does not speak
only his eyes, their gaze, express
what he does not want to make known
and confess to my mind
which remains unattached
by the things that move around us.

A moment, only a moment
is what one lives
when in a moment one doesn't speak but watches
a moment, only a moment
is what I live
a moment, just a moment
is what you are for me.

I ask myself if what I read in your eyes is true
I stop myself uncertain, then I know what to do
if I close my eyes, you could kiss me.

$-1988-$

Tu

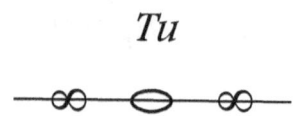

Stai rendendo inutili le frasi
non ti curi dell'immagine che dai.

Adesso
puoi anche riprenderti dalla noia sulla riva del tuo pensiero.

Tu pensi
che in fondo anche noi possiamo vivere senza avere paura.

Solo
guardandoti indietro
scopri le coste del tuo pensiero
così idilliaco e così vero
che ti fanno tornare ai ricordi da bambino
che eri l'altro ieri
prima che scontrassi con le frasi della verità.

– 1989 –

You

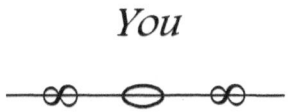

You make sentences useless
you don't care what they think.

Now
you can recover from boredom on the shore of your thoughts.

You think
that in the end even we can live without fear.

Only
looking back
you discover the shoreline of your thoughts
so idyllic and so true
that it takes you back to the memories of the child
that you were the day before yesterday
before you faced off against the sentences of truth.

– 1989 –

Amore alla finestra

Tu non sai cosa sei per me
oltre quel che non ho
sei di più.

Quindi, vestiti solo di quel che offro
una finestra
dove è chiuso il mio panorama dei giorni d'amore.

Ho solo questo
ma forse, non più vano di questo: "ti amo".

– 1990 –

Love at the window

You don't know what you are to me
more than what I don't have
you're more than that.

So, dress yourself in what I offer
a window
where I enclosed my view of love's days.

This is all I have
but maybe, nothing more vain than this: "I love you".

– 1990 –

Quel che non ho

In una notte buia, con tante stelle
c'è nel mio cuore un silenzio di gioia
che mi prende e non mi lascia pensare.

Prima, eri lì seduto e mi guardavi
con l'aria da insicuro come solo tu sei.

Vorrei darti quel che ho dentro
vorrei darti il mio coraggio
vorrei darti il mio disagio
vorrei darti la mia sincerità di donna che ama.

Vorrei darti quel che ho dentro
vorrei darti i miei pensieri
vorrei darti la mia gioia di vivere
vorrei darti i miei giorni migliori.

Ma tu
non vuoi che io prenda di te
le parti che più mi piacciono
per poi vantare al vento
che io ho dentro di me, solo te.

Tu però, non ci sei più.   – 1990 –

ALI - WINGS   Ilaria Massacesi de Arcangelis

What I don't have

In a dark night, with so many stars
there is a joyful silence in my heart
that grabs me and doesn't let me think.

Before, you sat there and watched me
with the air of insecurity that is you.

I would like to give you what I have in me
I would like to give you my courage
I would like to give you my discomfort
I would like to give you my sincerity of a woman that loves.

I would like to give you what I have in me
I would like to give you my thoughts
I would like to give you my joy of living
I would like to give you my best days.

But you
you don't want me to take from you
the parts that I like best
and then boast to the wind
that I have inside me, only you.

You, though, aren't there anymore.   – 1990 –

Mi ha dato

Mi ha dato
il piacere di capire
quello che prima non riuscivo a vedere.

Mi ha dato
il coraggio di vivere
anche quando nel cuore incombeva la tristezza.

Mi ha dato
la forza della sofferenza
per farmi crescere e diventare
veramente donna.

－1992 －

ALI - WINGS   Ilaria Massacesi de Arcangelis

He gave me

He gave me
the pleasure of understanding
what I wasn't able at first to see.

He gave me
the courage to live
even when sadness loomed in my heart.

He gave me
the strength that comes from suffering
to let me grow and become
truly woman.

$-$1992$-$

Momento di sospensione

In questo momento di sospensione
una canzone ti riporta dietro con la mente.

Il vortice della vita appare nuovamente nei tuoi occhi
per ricordare
l'abbraccio di un amico caro
un bacio sospirato
un appuntamento mancato.

Quando tutto era reale
quando tutto aveva il sentimento intenso della vita.

Nel vissuto dell'oggi
nell'attesa degli eventi
nell'incertezza della contemporaneità
tutto è troppo veloce da salvare.

-1993-

Moment of suspension

In this moment of suspension
a song takes you back.

The vortex of life appears again in your eyes
to remind you
the embrace of a dear friend
a long desired kiss
a missed appointment.

When everything was real
when everything had the intense feeling of life.

In the living of today
in the awaiting of events
in the uncertainty of contemporaneity
everything is too fast to be saved.

-1993-

Ali

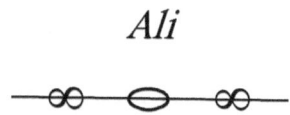

Non fermarti, vai oltre.

Dove in un solo minuto puoi dare te stessa
senza paura di ricominciare
senza angoscia ad iniziare
senza timore a scoprire.

Vai oltre.

Dopo gli spazi della solitudine
inizia la felicità tra mare e sole.

-1993-

Wings

Don't stop, go further.

Where in only a minute you can give of yourself
without fear of starting over
without the anguish of beginning
without fear to discover.

Go further.

Beyond the space of loneliness
begins the happiness that lies between sea and sun.

-1993-

Le pagine che seguono sono state lasciate vuote per darti la possibilità di scrivere o disegnare le emozioni che le mie poesie ti hanno suscitato.
Se vuoi, puoi condividerle con me e con gli altri lettori in Facebook al seguente indirizzo:

www.facebook.com/awbook

The following pages have been left blank to give you the option to write or draw the emotions that my poems have aroused to you.
If you wish, you can share them with me and the other readers on Facebook at the following address:

www.facebook.com/awbook

ALI - WINGS   Ilaria Massacesi de Arcangelis

ALI - WINGS Ilaria Massacesi de Arcangelis

ALI - WINGS   Ilaria Massacesi de Arcangelis

ALI - WINGS Ilaria Massacesi de Arcangelis

ALI - WINGS   Ilaria Massacesi de Arcangelis

PART II

Introduzione alla poesia *Vorrei*

Consumiamo, distruggiamo quello che è più prezioso nella nostra vita, ciò che ci circonda; "la Natura".
Senza l'aria non potremmo vivere, eppure continuiamo a contaminarla.
In questo modo, lasciamo una terra senza niente di naturale a chi verrà dopo di noi.
Come dice un famoso proverbio indiano: "La terra c'è stata donata dai nostri genitori e noi dobbiamo donarla ai nostri figli".
V'invito a mettervi nei panni della natura per apprezzarne la vera essenza di vita.
Per questo a volte ...

... *Vorrei*

ALI - WINGS   Ilaria Massacesi de Arcangelis

Introduction to the poetry *I wish*

We consume, we destroy what's most precious in our lives, what surrounds us; "nature."
We can't live without air yet we continue to contaminate it.
In this way, we leave to those that come after us, a land without anything natural.
So goes a famous Indian proverb: "The earth was given to us by our parents and we have to give it to our children".
I invite you to put yourself in the shoes of nature so you can appreciate the true essence of life.
It is for this that at times ...

... *I wish*

Vorrei

Vorrei essere un fiore
sbocciare in primavera
essere raccolto da un innamorato
essere portato fra i capelli di una donna bella dentro
essere apprezzato dalla dolcezza di un amore.

Vorrei essere un uccello
passeggiare sui tetti
svolazzare in una piazza
essere accolto dalle mani di una bimba
dove sono raccolte briciole di pane
essere apprezzato come animale.

Vorrei essere una sorgente d'acqua
che precipita tra le valli incolte
rozze e colorate
essere bevuta da gente
che apprezzi la purezza delle mie acque.

Vorrei essere un cielo
possedere migliaia e migliaia di stelle nella notte
dove sono nascosti segreti e desideri.

I wish

I wish to be a flower
blooming in spring
to be picked by a lover
worn on the tresses of women with the innermost beauty
treasured by the sweetness of love.

I wish to be a bird
strolling on roof tops
fluttering about a piazza
welcomed by the hands of a little girl
holding breadcrumbs
treasured as the animal that I am.

I wish to be a spring
that plunges through untamed valleys
rough and colorful
to be drank by those
who treasure the purity of my waters.

I wish to be the sky
to passes the thousands and thousands of nighttime stars
that wide secrets and desires.

ALI - WINGS Ilaria Massacesi de Arcangelis

Di giorno
vorrei raccogliere nella mia immensità
un sole giallo e splendente
che ripercuote nelle pianure il suo colore
per essere apprezzato come ispirazione
dai poeti estranei a questo mondo
che sanno di possedere una sensibilità
che nessuno raccoglie
per apprezzarne le parole nascoste nella loro voce.

- 1993 -

ALI - WINGS Ilaria Massacesi de Arcangelis

By day
I wish to raise in my immensity
a yellow and shining sun
to scatter its color on the plains
to be treasured as inspiration
by poets unknown to this world
aware of possessing a sensibility
that no one else has
to treasure the words hidden in their voices.

– 1993 –

Introduzione alla poesia *Nebbie Palpitanti*

La paura spesso è stata associata alla debolezza ed all'immaturità. Tutti abbiamo paura.
La paura più grande, nasce dall'indifferenza da parte dei nostri simili e dalla nostra incapacità nell'affrontare la bruttezza della vita.
Siamo annebbiati dalle troppe guerre, carestie e dalla disonestà nei confronti dei più deboli.
L'umanità si è arresa, ha scordato la compassione e la capacità nel darsi con altruismo per un domani migliore.
Senza cadere nelle ...

... *Nebbie palpitanti*

Introduction to the poetry *Pulsating mists*

Fear is often associated with weakness and immaturity.
We all have fear.
The greatest fear is born of the indifference of our fellow man and of our own incapacity to confront the ugliness in life.
We are clouded by too many wars, by famine, and by dishonesty in the face of the weak.
Humanity has given up, has forgotten compassion and the capacity to give selflessly for a better tomorrow.
Without falling into ...

... *Pulsating mists*

Nebbie palpitanti

Nebbie palpitanti nella vita che nasce
nell'incertezza delle persone
che non hanno nessun privilegio del senso della vita.

Scatti di piacere
per noi
semplici persone
semplici animali
che vaghiamo senza meta nel mondo caotico.

Per noi
che navighiamo senza radici
senza renderci conto del nostro corpo
del nostro spirito vivente
della nostra mente, pensierosa e piena d'amarezza

Per noi
che siamo incapaci di comunicare
i propri sensi
i propri sentimenti alle cose viventi

– 1993 –

Pulsating mists

Pulsating mists in life that's born
in the uncertainty of those
not privileged with a sense of life.

Fits of pleasure
for us
simple people
simple spirits
who wander without purpose in a chaotic world.

For us
who navigate without roots
without realizing our bodies
our living spirit
our minds, thoughtful and full of bitterness.

For us
who are unable to communicate
our senses
our sentiments to that which lives.

– 1993 –

Introduzione alla poesia *Parassiti delle nostre vite*

E' l'unica poesia chiusa con un punto interrogativo, lascio ad ognuno la propria risposta.
Perché viviamo? Qual è il fine ultimo di tutto ciò?
Cosa ci sarà dato dopo quest'esperienza?
Perché in fondo è solo un'esperienza, ma l'importante è vivere questa vita al meglio, senza farsi troppe domande, per godere giorno per giorno di quel breve attimo di piacere.
Per non essere ...

... *Parassiti delle nostre vite*

ALI - WINGS   Ilaria Massacesi de Arcangelis

Introduction to the poetry *Parasites of our lives*

It's the only poem with a question mark, I leave the answer to each of you.
Why do we live? What's the purpose of all this?
What's given to us after this experience?
Because in the end it's only an experience, the important thing is to live this life to the fullest, without asking ourselves too many questions, to enjoy day by day those short moments of pleasure.
To not be ...

... *Parasites of our lives*

Parassiti delle nostre vite

Parassiti delle nostre vite
anime imprigionate da una sola cosa.

Viviamo nelle incertezze
nella perplessità del mondo
del sapere della nostra vita.

Camminiamo sopra a cieli fantasmi di fantasia
irraggiungibili e inesistenti le nostre idee parlanti.

Fioriamo per un attimo
ma poi
ci chiudiamo come margherite al buio.

Cerchiamo
ma non troviamo i sensi nelle parole altrui
che per noi sono quasi inaccessibili da capire.

Ci sarà forse per noi un leggero fiume di piacere
in quel che crediamo e in quel che facciamo?

– 1993 –

ALI - WINGS   Ilaria Massacesi de Arcangelis

Parasites of our lives

Parasites of our lives
spirits imprisoned by one thing.

We live in uncertainty
in the perplexity of the world
conscious of our lives.

We walk across the ghostly skies of fantasy
our spoken ideas inaccessible and nonexistent.

We flourish for a moment
but then
we close up like daisies in the dark.

We seek
but don't find sense in the words of others
words that for us are almost incomprehensible.

There must be for us, perhaps, a faint river of pleasure in
what we believe in and do?

- 1993 -

Introduzione alla poesia *Libertà*

Libertà, che parola, che utopia, ma se riuscissimo a buttare dietro le spalle il pensiero degli altri, correre verso la vita e verso il mondo con spensieratezza, senza pregiudizio alcuno, forse si può provare a respirare a pieni polmoni ...

... *Libertà*

ALI - WINGS Ilaria Massacesi de Arcangelis

Introduction to the poetry *Freedom*

Freedom, that word, that utopia, if only we could put the thoughts of others behind us, run towards life and across the world with light-heartedness, without prejudice, maybe than we can try to fill our lungs with ...

... Freedom

Libertà

Una luna
il mare
due ombre che camminano.

Poi
di corsa verso la solitudine degli scogli
dove l'acqua, illuminata dalla notte
si mischia alla sabbia
per donarci quel sapore che si chiama
libertà.

– 1993 –

Freedom

A moon,
the sea,
two walking shadows.

Then,
running towards the solitude of the rocks,
where water, illuminated by the night
mixes with the sand
to give us that taste called
freedom.

- 1993 -

Introduzione alla poesia *Caldo Fuoco*

Solitudine di un pomeriggio di fronte al caldo fuoco che elargisce l'inizio dei pensieri che scivolano dentro di me. Fiamma brillante del fuoco che brucia la legna, sono lì, quasi ipnotizzata da tanta calma, solo il rumore della legna che brucia mi fa compagnia, danza dentro la testa come musica ...

... *Caldo fuoco*

Introduction to the poetry *Warm fire*

Afternoon solitude in front of a warm fire that sketches the beginnings of the thoughts that slip inside me.
Bright flame of the fire that burns the wood, I am there, almost hypnotized there by such quiet, only the sound of the burning wood to keep me company, it dances in my head like music ...

... *Warm fire*

Caldo fuoco

Fiamma oscillante
nel buio del caldo di una stanza.

Fuoco
che non distrugge, ma crea
crea i sentimenti di chi sta lì seduto
a guardarlo
pensarlo
esaurirlo.

Arancione
giallo
rosso e bianco.

Fuoco
serenità eseguita nel freddo.

– 1996 –

Warm fire

Twisting flame
in the darkness of the heat of a room.

Fire
that doesn't destroy, but creates
creates the feelings of those seated there
to watch it
to think of it
to consume it.

Orange
yellow
read and white.

Fire
serenity played out in the cold.

– 1996 –

Introduzione alla poesia *Mamma*

Mamma, la prima e l'ultima parola che viene detta da ogni essere umano all'inizio e alla fine della propria vita.
Nella parola è racchiuso tutto il significato del sacrificio, della dedizione di una donna, che ha saputo rinunciare alla propria vita per donarla ad altri.
Alla mia dolce ...

... *Mamma*

Introduction to the poetry *Mamma*

Mamma, the first and last word said by every human being at the beginning and at the end of life.

The word houses the meaning of sacrifice, of the dedication of a woman, who has known how to renounce her own life in order to give it to others.

To my sweet ...

... *Mamma*

Mamma

Fulcro di vita
saggezza ritrovata
bellezza eterna ed eterea
spiritualità vissuta.

Eterna bambina
nei pensieri fantastici di vita espressa
atto d'amore perenne nella vita donata.

Mamma, per sempre viva nel cuore.

– 2002 –

Mamma

Fulcrum of life
wisdom rediscovered
eternal and ethereal beauty
lived spirituality.

Eternal girl
in the fantastic thoughts of life expressed
act of undying love in life given.

Mamma, forever in my heart.

- 2002 -

Introduzione alle poesie
- *La notte*
- *Dentro me*

La morte è sempre stata una delle riflessioni più tremende nella mia mente.

La morte, nei pensieri più giovanili, era associata ad un simbolo di non ritorno, come un buco nero o tunnel senza spiragli.

Ora per me non è così, la morte è un punto di ritorno e d'inizio, dove possiamo capire profondamente quello che siamo per rinascere a nuova vita.

E' così, che ho associato la morte alla notte, perché dopo il buio viene giorno, perché dopo la luna arriva il sole ad illuminare la nostra vita.

La notte illumina il futuro, il futuro riparte dalla morte sempre dopo ...

... *La notte*

La seconda poesia, *Dentro me* è dedicata alla mamma di una mia amica morta troppo giovane.

Introduction to the poetries
- *The night*
- *Inside me*

Death has always been one of the most terrible thoughts in my mind.

In my most youthful thoughts death was associated with a symbol of no return, like a black hole or a tunnel without light.

It's not like this for me now. Death is a point of return, a beginning from where we can deeply understand what we are, in order to be reborn to new life.

For that reason I have associated death with night, because after the darkness comes the day, because after the moon, the sun arrives to illuminate our lives.

Night illuminates the future, the future follows death, which always follows …

… *The night*

The second poem, *Inside me* is dedicated to the mother of a friend of mine who died too young.

La notte

La notte, dalla quale tutti fuggiamo.
La notte, nella quale tutti torniamo.
La notte, che ci riporta nel grembo materno.
La notte, buio infinito di vita.
La notte, sonno che rincorre i sogni.
La notte, cappa di cielo stellato sopra la testa.
La notte, irrevocabile corsa del nostro infinito dolore.

– 2002 –

The night

The night, from which we all run.
The night, to which we all return.
The night, which carries us back to the womb.
The night, infinite darkness of life.
The night, sleep that chases dreams.
The night, starry canvas of sky overhead.
The night, irrevocable course of our infinite pain.

– 2002 –

Dentro me

Alzati davanti ai miei occhi ancora una volta
vola lontana e fermati un attimo.

Dammi ancora uno sguardo
girati e ferma il mio sorriso
fammi vedere che è quello che vuoi veramente
rimani ancora
dammi un istante di parola.

Poi
ritorna nella tua luce
fa che si rifletta e che resti dentro di me per sempre.

- 1997 -

Inside me

Rise up before my eyes once again
fly away and stop for an instant.

Give me one more look
turn and stop my smile
let me see what you truly want
stay longer
give me a minute to speak.

Then
return to your light
make sure that it reflects and remains in me forever.

– 1997 –

Introduzione alla poesia *Anima*

Anima, quella parte preziosa interiore che ci rende uno diverso dall'altro.

Ci dona la capacità di vivere l'emozione della vita e dei sentimenti, ci arricchisce gli occhi d'impulso per ogni istante che viviamo.

Noi apparteniamo ad essa, tutto è abbellito dalla nostra ...

... *Anima*

Introduction to the poetry *Soul*

The soul, that precious interior part that makes us each different.
It gives us the capacity to live out the emotions of life and sentiments, bestows on our eyes the impulse for every instant that we live.
We belong to it, everything is adorned by our ...

... *Soul*

Anima

Anima
hai preso tutto di me
la ragione è agganciata alla mia anima
infinita creazione d'emozioni e pensieri.

Anima
dove le riflessioni rincorrono l'essere
per rinascere a nuova vita.

Vita
lacerata dalla dualità interiore
che vaga senza meta.

Vita
lasciata in balia del proprio sé turbato
non realizzato per rincorrere *l'anima*.

– 2003 –

Soul

Soul
you took all of me
reason is clasped to my soul
endless creation of emotions and thoughts.

Soul
where reflections chase being
to give birth to new life.

Life
torn by internal duality
that wanders without purpose.

Life
left at the mercy of the troubled self
unfulfilled by the chase for *the soul.*

– 2003 –

ALI - WINGS   Ilaria Massacesi de Arcangelis

Introduzione alla poesia *Il volo*

Gli animali sono i veri protagonisti di questa vita. Da loro dobbiamo imparare, per ritrovare l'equilibrio che abbiamo perso con il mondo.
Noi esseri umani, abbiamo il dovere di vivere in equilibrio con tutto ciò che ci circonda e trasmettere questo ai più piccoli.
Non abbiamo nessun diritto d'insegnare, che noi umani, possiamo essere superiori agli animali e distruggere la nostra natura.
La forza assoluta della natura va rispettata, chi vuol capire capisca con ...

... *Il volo*

ALI - WINGS *Ilaria Massacesi de Arcangelis*

Introduction to the poetry *The flight*

Animals are the true protagonists of this life. It is from them that we need to learn, to recover the balance that we have lost with the world.
We human beings have the duty of living in equilibrium with all that surrounds us and to transmit that to our young. We have no right to teach them that we can be superior to animals and to destroy their nature.
The absolute strength of nature must be respected, he who wants to understand, may be understand with ...

... *The flight*

Il volo

Ombre diradanti di gabbiani
sopra noi
in volo
alla ricerca del volo perfetto e incondizionato
nel cielo terso.

Noi
passivi
ad osservare quelle ali bianche che battono all'unisono
quasi volessero comunicare la propria musica
nella brezza dell'aria
che sfiora i nostri sguardi allibiti e invidiosi
di quella libertà espressa
dalla natura assoluta intorno a noi.

-2003-

The flight

Thinning shadows of seagulls
above us
in flight
In search of the perfect and unconditional flight
in the clear sky.

We
passive
watching those white wings that flap in unison
as if to share their very own music
in the breeze
that caresses our gaze bewildered and envious
of that freedom expressed
by absolute nature surrounding us.

-2003-

Introduzione alla poesia *Amicizia*

Amicizia, un sentimento molto forte, i miei amici "veri" sanno quello che voglio dire.
Tutti voi avete caratteristiche diverse, uniche ed insieme emananate un'energia positiva, stupenda e meravigliosa.
A volte quando mi capita d'essere triste, mi riprendo pensando agli aspetti più belli e più particolari di ognuno di voi e mi ritengo privilegiata e fortunata.
A tutti voi, uniche e meravigliose persone, voglio ringraziarvi per aver effettuato quest'incontro magico, che ogni giorno regala un'esperienza indimenticabile.

La poesia che segue è dedicata all'amicizia, ma ispiratami, da una piccola grande persona che nella mia mente emerge come una sontuosa ed elegante giraffa che corre nelle pianure gialle e incantate dell'Africa.

Introduction to the poetry *Friendship*

Friendship, it is a very strong sentiment. My real friends know what I mean.

All of you have different and unique characteristics and together you exude a stupendous and marvelous positive energy.

At times when I feel sad, I make myself feel better by thinking of the most beautiful and most special aspects of each of you and I consider myself fortunate and privileged. To all of you, you unique and marvelous people, I want to thank you for bringing about this magical meeting that makes every day an unforgettable experience.

The following poem is dedicated to friendship but is inspired by a very small, but significant, person who in my mind's eyes is a lavish and elegant giraffe that runs on the yellow and enchanted plains of Africa.

Amicizia

Amicizia
dono di saggezza
a chi ci crede come noi.

Vento di pensieri retroversi
contrasti d'idee parlanti
atto d'amore libero
verso chi è come te.

Per un futuro dove tutto è amore.

- 2003-

Friendship

Friendship,
gift of wisdom
to those like us who believe.

Wind of opposing thoughts
contrasts of spoken ideas
free act of love
to those who are like you.

For a future where everything is love.

- 2003-

Introduzione alle poesie
- *La passeggiata*
- *Solitudine di una notte*

Tutto è fermo, tutti sono a letto ed io son qui con il pc e il mio pensiero in continuo movimento, alla continua ricerca della parola perfetta, quella che darà la realizzata sintonia tra emozione e scrittura.
Solo il silenzio regala questo tentativo di perfezione.
Amo la notte, come ora, scrivo e riscrivo, penso e ripenso, è l'attimo in cui mi sento più creativa e libera ...
... Fuori i rumori della città eterna; Roma, che tra turisti e confusione, riesce ancora ad offrire angoli di pura bellezza. Durante le mie passeggiate solitarie, non scorderò mai; l'arancione dei tramonti sul "Cupolone", gli uccelli in volo che cinguettano ed i magnifici palazzetti liberty in via Cola di Rienzo.
Passo dopo passo, riescono a dar significato alle mie emozioni.

La passeggiata e *Solitudine di una notte* sono due poesie dedicate alla mia: "Caput Mundi Roma", la città dal cuore grande.

Introduction to the poetries
- *The walk*
- *Solitude of a night*

Everything is still, everyone is in bed and I am here with my computer and my thoughts in continuous motion, in the continued search for the perfect word to achieve harmony between emotion and writing.
Only the silence allows this attempt at perfection.
I love the night, like now, I write and rewrite, I think and rethink, it is the moment when I feel the most creative and free ...
... Outside the noise of the "eternal city"; Rome, that between the tourists and confusion, still manages to offer a slice of pure beauty.
During my solitary walks, I will never forget; the orange of the horizon over the "Cupolone"*, the birds in flight that chirp and the magnificent nineteenth-century Liberty-style buildings in via Cola di Rienzo.
Step by step, they manage to give meaning to my emotions.

The Walk and *Solitude of a Night* are two poems dedicated to my: "Caput Mundi Roma", the city with the big heart.

*"Cupolone" refers to the great cupola of the basilica of St. Peter in Rome.

La passeggiata

Eventi
che si accavallano velocemente nella mia mente persa
che vaga senza meta
in una confusione di suoni.

Il tutto
prende forme astratte e diverse
colori variegati
che sfumano verso il bianco sospirato dell'assoluto.

-2004-

The Walk

Events
that accumulate quickly in my lost mind
that wander aimlessly
in a confusion of sounds.

Everything
takes abstract and diverse forms
colors variegated
that blur across the white sigh of the absolute.

-2004-

Solitudine di una notte

E' buio
sono qui seduta
con in bocca il sapore di una giornata finita.

Il mondo è fermo.

Voce del nulla
di riflesso dentro me
che dà musica
per colmare di presenza
quest'assenza perenne.

– 2005 –

Solitude of a night

It's dark,
I am sitting here
with the taste of a finished day in my mouth.

The world is still.

Voices of nothing
reflected in me
that make music
to fill with presence
this ceaseless absence.

– 2005 –

Introduzione alla poesia *Inesorabile certezza*

Per quella che segue, dico solo; "a Nello", grazie per aver passato del tempo con me e per avermi regalato delle perle di saggezza che oggi cerco di portare avanti con ...

... *Inesorabile certezza*

ALI - WINGS   Ilaria Massacesi de Arcangelis

Introduction to the poetry *Inexorable certainty*

For the poem that follows, all I will say is; "to Nello", thank you for having passed the time with me and for having given me some pearls of wisdom that today I try to carry forward with ...

... *Inexorable certainty*

Inesorabile certezza

L'orizzonte s'inoltra nell'infinito
il cuore cade a pezzi
come miracolo
si tuffa nel mio assoluto dolore.

Quest'attesa del nulla
si conclude con una luce forte nella mia mente
ci sei
ti sento.

Vieni a confortare
la perenne incertezza del mio presente
con la tua inesorabile certezza.

-2011-

Inexorable certainty

The horizon dives into the infinite
the heart falls to pieces
like a miracle
plunges into my absolute pain.

This anticipation of nothing
concludes with a bright light in my mind
there are you
I hear you.

You come to comfort
my perpetual uncertainty
with your inexorable certainty.

–2011–

Introduzione alla poesia *eraM*

E' proprio vero che i sapori e gli odori di dove nasci li avrai per sempre in te.
Potrai vivere oltre Oceano, ma gli odori e i "flash" del vissuto resteranno per sempre.
Sono quelle cose sicure che ti fanno sentire quello che sei, ovunque tu viva.
Dedicato all'attimo infinito vissuto con l'immenso ed assoluto ...

... *eraM*

ALI - WINGS   Ilaria Massacesi de Arcangelis

Introduction to the poetry *eraM*

It's quite true that the flavors and smells of where you were born will always be with you.
You can move across the Ocean but the smells and flashbacks of home will always remain with you,
Those sure things that make you feel like yourself no matter where you live.
Dedicated to the infinite moment lived with the immense and absolute ...

... *eraM*

eraM

Tutto è passato nella mia vita
ma tu sei sempre stato lì, ad aspettarmi.

Puro
violento
e pur tumultuoso d'emozioni.

Compagno della mia vita
ritmi mutevoli della mia età
hai pulsato ogni mio sentimento
contando ogni secondo d'esistenza.

Hai saputo raccogliere
nei tuoi movimenti
la mia evasione da questa vita
rumorosa
scostante
e a volte irriverente.

Tu
lì, ad aspettarmi ad ogni stagione
costante
mai arreso
sempre presente

eraM

Everything in my life is past
but you are always there, waiting for me.

Purely
violent
and yet tumultuous with emotion.

Companion of my life
changeable rhythms of my years
you have charged every one of my feelings
counting every second of existence.

You gathered
in your movements
my escape from this life
noisy
rude
and at times irreverent.

You
there, waiting for me in every season
constant
never surrendering
always present

ALI - WINGS Ilaria Massacesi de Arcangelis

lì, come un compagno che dona certezza
nelle incertezze delle mie scelte
nelle incertezze delle mie destinazioni
e ogni volta ...

... Una nuova vita da affrontare
una nuova lingua
nuovi profumi
nuovi sguardi
e nuove emozioni.

Tu
lì, distante e presente
nei miei momenti di sconcerto e limite umano.

Dentro la mia testa
la mente lascia andare l'ancora
chiudendo gli occhi ancora una volta e pensandoti.

Eri eternamente in me
con il tuo cielo puro e sconfinato
con il tuo rumore persistente
con la tua sabbia indimenticabilmente grezza e pungente
con le tue acque
e il tuo perenne orizzonte.

there, like a companion who gives certainty
to the uncertainties of my choices
in the uncertainties of my paths
and every time….

…. A new life to brave
a new language
new smells,
new glances
and new emotions.

You
there, distant and present
in my moments of bewilderment and human limit.

In my head
my mind lets go of the anchor
closing my eyes again and thinking of you,

You were eternally in me
with your pure and boundless sky
with your persistent noise
with your unforgettably rough and pungent sands
with your waters
and your endless horizon.

ALI - WINGS   Ilaria Massacesi de Arcangelis

Sei dentro me
mare sconfinato
nel sempre del mio ricordo
calmo o rumoroso.

Voglio continuare a vivere nel tuo esistere.

-2011-

ALI - WINGS   Ilaria Massacesi de Arcangelis

You are inside me
boundless sea
in the forever of my memory
calm or rowdy.

I want to continue to live in your existence.

$$-2011-$$

*"eraM" is the reflection of the word "Mare", which means "Sea".

Introduzione alla poesia *E' Natale*

Nel magico Ohio ci sono due stagioni dell'anno che ti catturano completamente.
L'autunno, che ti lascia senza fiato, quando, guidando la tua macchina tra boschi e curve, sei ricoperto da cascate di foglie colorate che scendono dagli alberi come fossero fogli musicali, in cui sono trascritte le note per regalare "musica d'armonia".
La seconda stagione è l'inverno, quando, i fiocchi di neve lavano i cuori dalle impurità della vita, come spugne magiche, per apportare l'amore e il calore del Natale.
La natura parla e tu ascolti ciò che ha da dire, resti a guardare, con gli occhi pieni di commozione e con il timore di pronunciare qualsiasi frase di fronte a tanta bellezza.
L'emozione piena è espressa da questa poesia divertente per fermare l'attimo di felicità che proviamo quando arriva il Natale qui nel "caldo" Ohio ...

... *E' Natale*

ALI - WINGS   Ilaria Massacesi de Arcangelis

Introduction to the poetry *It is Christmas*

In magical Ohio there are two seasons of the year that capture you completely.
Autumn, which leaves you breathless, as you drive your car through woods and around curves, finding yourself showered by cascades of colored leaves falling from the trees like musical sheets, bearing the notes of "musical harmony".
The second season is winter, when snowflakes wash your heart of life's impurities, like magic sponges bestowing the love and warmth of Christmas.
Nature speaks and you listen to what it has to say, you keep still and watch it with eyes full of feeling and with reluctance to say a single word in the face of such beauty.
The sensation is explained in this fun poem that captures the moment of happiness that we experience when Christmas arrives here in "warm" Ohio ...

... *It is Christmas*

E' Natale

Guardando, guardando
scrutando, scrutando.

Spuntano colori e luci ovunque
su piante e tetti
su cespugli e bordi
su garage e strade.

Si aspetta quest'atmosfera per tutto l'anno
quando arriva
è *magia*.

E' Natale,
è Natale, che ci regala la fila del calore umano
e delle candele.

E' Natale,
è Natale, che ci regala il sapore della cannella bevuta
e delle caramelle croccanti.

E' Natale,
è Natale, che ci regala il cioccolato fondente
e il panettone tra i denti.

It is Christmas

Looking, looking,
watching, watching.

Colors and lights appear everywhere
on trees and rooftops
on shrubs and edges of houses
on garages and streets.

One awaits this atmosphere for the whole year
when it arrives
it is *magic.*

It's Christmas
it's Christmas, with its gift of human warmth
and candlelight.

It's Christmas
it's Christmas, that gives us the flavor of cinnamon drink
and crunchy candies.

It's Christmas
it's Christmas, with its gift of dark chocolate
and mouthfuls of "panettone".

E' Natale, che arriva ad apportare speranza
e gioia nei nostri cuori per ogni dove.

E' il Natale, che regala la gioia di condividere
l'amore nei nostri cuori.

-2011-

It's Christmas, which comes to put hope
and joy in hearts everywhere.

It is Christmas, which bestow on us the joy of sharing the love that's in our hearts.

–2011–

Introduzione alle poesie
- *deaR*
- *Amore*

Amore, quel completamento unico della nostra anima. Quella pulsione estrema che ci fa donare, anche quando non vorremmo, ma è un sentimento che nasce da dentro e non si può bloccare o comandare.

Si ama, non si può decidere come amare e quanto amare, si ama e si continua all'infinito, ci si sente completi e ci si sente felici nel donarsi incondizionatamente al nostro ...

... *deaR*

Introduction to poetries
- *deaR*
- *Love*

Love, that unique complement to our soul.
That extreme impulse that make us give, even when we don't want to, it is a feeling that grows from inside that you can't block or control.
We love, but we aren't able to decide how to love or how much to love, we love and we love forever, we feel complete and it make us happy to give of ourselves unconditionally to our …

… *deaR*

deaR

I ricordi s'innalzano in volo
colorando il vissuto come coriandoli in festa
scendono dal cielo senza far rumore
e lasciano la scia dei momenti sgargianti.

Silente
resta il presente da poco vissuto
che palpita di leggera e sublime bellezza.

-2012-

deaR

Memories soar in flight
coloring the past like confetti
descending silently from the sky
and leaving in its wake a trail of sparkling moments.

Quiet
remains the present just lived
that beats with light and sublime beauty.

-2012-

Amore

Se amare significa
seguire la luce anche ed oltre l'assoluto
io lo farò.

Se amare significa
sacrificio impagabile di desiderio
io ci sarò.

Se amare significa
guardarti e vederti bello come il primo giorno
io resterò.

Se amare significa
percorrere ogni strada
anche quelle senza senso per raggiungerti
io camminerò.

Amare, in modo assoluto
chi ama non rinuncia mai
ama e continua a dare nel *per sempre.*

－2012－

Love

If love means
to follow the lights even beyond the absolute
I will do it.

If love means
a priceless sacrifice of desire
I will be there.

If love means
to watch you and to see you as beautiful as the first time
I will stay.

If love means
to travel every street
even those without direction in order to get to you
I will walk.

Love, is absolutely
he who loves, never gives up
he loves and continues to give *forever.*

-2012-

Introduzione alla poesia *Come si compie il mistero divino*

Il sentimento che porta alla scrittura è difficile da spiegare. Scrivere, nasce spesso dall'esigenza di manifestare in parole la sofferenza e l'incapacità di esprimere l'emozione più intrinseca, quella che si prova nelle pieghe più profonde del sé.

I sentimenti che danno il via alla mano sono una miscela di emozioni vissute in un nano secondo.

Tristezza, malinconia, solitudine, angoscia, amore, perseveranza, gioia e vittoria.

Questi sentimenti, sono alcuni tra quelli che hanno dato il là alla nascita di ...

... *Come si compie il mistero divino*

Introduction to the poetry *How the divine mystery is fulfilled*

The feeling that inspires writing is difficult to explain. Writing is often born of the need to put into words one's suffering and the very incapacity to express the most intrinsic of emotions, the feelings that one hides in his deepest self.
The feelings that move the hand are a mix of the emotions of a nanosecond.
Sadness, melancholy, loneliness, anguish, love, perseverance, joy and triumph.
These are some of feelings that paved the way for …

… How the divine mystery is fulfilled

ALI - WINGS Ilaria Massacesi de Arcangelis

Come si compie il mistero divino

Torneremo a volare come polvere
sfuggente e scintillante
di colore azzurro e porpora.

Tracciare nel cuore di chi ama
la bellezza dei giorni
offerti con altruismo e naturalezza.

Abbandonando la materia nell'immenso
assoluto e celeste
brillando d'energia di bontà.

Chi ci ricorderà nella preghiera
ci regalerà il perpetuarsi
della strada tracciata e lasciata.

Amore, compassione e generosità.

–2013–

ALI - WINGS   Ilaria Massacesi de Arcangelis

How the divine mystery is fulfilled

We'll fly again like dust
elusive and sparkling
with blue and purple red colors.

Marked in the heart of those who love
the beauty of the days
offered with selflessness and simplicity.

Leaving matter behind diving into the immense
absolute and celestial
shining with the energy of goodness.

Those who remember us in prayer
will ensure that our path
laid out and let behind, never ends.

Love, compassion and generosity.

                                              –2013–

Introduzione alla poesia *Vita che cresce in me*

La poesia che segue è dedicata a mio figlio, al mio grande amore Ryan, il quale ha saputo cancellare i sentimenti nelle frasi di seguito scritte anni prima della sua nascita.

Non ho più lacrime da versare
per un bambino mai nato.

Non ho più lacrime da versare
per un desiderio d'amore.

Non ho più lacrime da versare
per il buio che mi avvolge.

Non ho più lacrime da versare
per quest'attesa sfibrante.

Non ho più lacrime da versare
per il mio sogno di vedere il nostro amore sorridere ...

... *Vita che cresce in me*

Introduction to the poetry *Life that grows in me*

The poem that follows is dedicated to my son, my great love Ryan, who erased the feelings of the lines that follow, written years before his birth.

I don't have any more tears
to shed for a little one never born.

I don't have any more tears
to shed for a wish of love.

I don't have any more tears
to shed for the darkness that surrounds me.

I don't have any more tears
to shed for this exhausting wait.

I don't have any more tears
to shed for the dream of seeing our love smile ...

... *Life that grows in me.*

Vita che cresce in me

Desiderio;
passeggiare con te su un cammello
tra le dune di un deserto Africano
con l'orizzonte color arancione
descrivere con il vento caldo dei nostri pensieri
la libertà per guardare avanti.

Desiderio;
danzare con te un ballo tribale tra la discendenza
che ancora conosce, nell'ombra e nel segreto
l'origine della vita.

Desiderio;
correre con te sulla bassa marea
essere sovrastati da un gruppo d'aironi in volo
ascoltare il loro canto per imparare le sensazioni
donate dagli altri esseri viventi.

Desiderio;
scalare con te la cima più alta della montagna
sentire un'eco di tam, tam indiani per approdare
nella sofferenza di questo popolo martoriato
capire il dolore provocato dai più forti.

ALI - WINGS Ilaria Massacesi de Arcangelis

Life that grows in me

Desire;
to take a ride on a camel with you
through the dunes of an African desert
with the orange-tinted horizon
to describe with the warm wind of our thoughts
the freedom to look ahead.

Desire;
to dance with you a tribal dance among our descendants
who still know, in shadows and in secrets
the origins of life.

Desire;
to run with you in the low tide
to be watched over by a group of herons in flight
to listen to their song and to learn of the sensations
granted by other living things.

Desire;
to ascend the highest peak of the mountain
to hear in the echo of an Indian tam-tam
the suffering of this injured people
to understand the pain caused by the more powerful.

Desiderio;
salire con te le scale di un monastero Tibetano
passeggiare in circolo intorno ad esso
toccare le campanelle dell'aspirazione mistica
per avvicinarsi sempre di più
alla conoscenza del trascendentale.

Viaggiare con te nei desideri
per ascoltare il silenzio dei segreti della vita
imparare dalle diverse genti
l'amore e la compassione verso l'universo.

Ti amo.

-2005-

ALI - WINGS Ilaria Massacesi de Arcangelis

Desire;
to climb with you the stairs of a Tibetan monastery
to walk in a circle around it
to touch the bells of mystical inspiration
to get ever closer
to the knowledge of the transcendent.

To journey with you in my desires
that we should listen to the silence of life's secrets
learn from those who are different
the love and compassion for the universe.

I love you.

-2005-

Le pagine che seguono sono state lasciate vuote per darti la possibilità di scrivere o disegnare le emozioni che le mie poesie ti hanno suscitato.
Se vuoi, puoi condividerle con me e con gli altri lettori in Facebook al seguente indirizzo:

www.facebook.com/awbook

The following pages have been left blank to give you the option to write or draw the emotions that my poems have aroused to you.
If you wish, you can share them with me and the other readers on Facebook at the following address:

www.facebook.com/awbook

ALI - WINGS   Ilaria Massacesi de Arcangelis

ALI - WINGS   Ilaria Massacesi de Arcangelis

ALI - WINGS   Ilaria Massacesi de Arcangelis

ALI - WINGS Ilaria Massacesi de Arcangelis

ALI - WINGS   Ilaria Massacesi de Arcangelis

A tutte le persone che hanno condiviso con me questa lunga esperienza:

Grazie a mia madre Maria Gabriella e a mio padre Giuseppe, le mie figure di riferimento, i quali hanno instillato in me l'amore e la morale. Devo a loro il mio modo di vedere il mondo con gioia, altruismo e purezza.

Grazie a mio fratello Giampiero, il quale ha saputo riempire i momenti bui della mia vita con risate e gioia.

Grazie a mio fratello Alessandro, con il quale ho condiviso la mia vita giovanile a Bologna. Non dimenticherò mai i nostri momenti magici e spensierati insieme. Lui mi ha dato la possibilità di usare come copertina del libro uno tra i suoi magnifici quadri. Tengo molto a questa immagine, che ritrae la leggerezza d'animo del nostro tempo andato.

Un grande grazie, al mio dolce marito Roberto, il quale, con la serenità che ha, mi ha dato la forza e il coraggio di portare a termine questo sogno, dandomi il tempo di pensare a me e incoraggiandomi nei momenti in cui non credevo in me stessa.

Grazie ad Isa Mangione, Eleonora Rossi Tascioni, Raffaella Stama e Roberta Ludovico, amiche di una vita, con le quali durante il corso degli anni, ho sempre condiviso la lettura dei miei versi. Esse, con la loro sconfinata amicizia, mi hanno sempre incoraggiato a completare questo libro.

Grazie a Nicole Giuliani, per la sua prefazione al libro. Lei, ha saputo regalare al lettore l'eleganza del sentimento romantico usando parole incantate e nostalgiche, descrivendo l'essere umano come immagine riflessa della natura.

Grazie a Stephanie Siciarz, una cara amica nonché collega alla Kent State University, la quale, ha saputo interpretare la mia anima alla continua ricerca dell'amore e della compassione, introducendo questo libro con incantevole magia. Un grazie anche a Stephanie Siciarz per i suoi preziosissimi consigli nella revisione del libro.

Grazie ad Andrew Wyatt per la sua revisione della traduzione dall'italiano all' inglese. Lui, si è preso cura delle mie poesie come fossero piccoli fiori da non calpestare.

Grazie a Paul Reed per il suo supporto nella traduzione del libro.

Grazie a tutti quelli che mi hanno donato la loro amicizia incondizionata.

Infine, un grande grazie va alla nostra sconfinata natura, in particolar modo al mare, al "mio mare Adriatico", che con il suo profumo e le sue stagioni ha catturato ogni attimo della mia esistenza.
Penso di appartenere al mare più di quanto io possa immaginare, anche se è assurdo, a volte ne ho quasi paura.

Il mare con i suoi odori, i suoi colori e la sua calma, mi regala ogni volta, una nuova ispirazione.

To all people who have shared with me this long experience:

Thanks to my mother Maria Gabriella and to my father Giuseppe, my reference figures who instilled in me love and morality. Due to them I see the world with joy, selflessness and purity.

Thanks to my brother Giampiero who filled the dark moments of my life with laughs and joy.

Thanks to my brother Alessandro, with whom I shared my youthful life in Bologna. I will never forget the magical and carefree moments spent together. He has given me the possibility to utilize, as cover of this book, one of his magnificent painting. I treasure to this image, which portrays the lightness of mind of our time together.

A big thanks to my sweet husband Roberto, whom, with his serenity, has given me the strength and courage to carry out this dream, giving me time to think about myself and encouraging me in times when I did not believe in myself.

Thanks to Isa Mangione, Eleonora Rossi Tascioni Raffaella Stama and Roberta Ludovico, friends of a lifetime, with which, over the years, I have always shared the reading of my verses. With their boundless friendship, they have always encouraged me to complete this book.

Thanks to Nicole Giuliani, for her foreword to the book. She has been able to give to the reader the elegance of romantic feeling by using enchanted and nostalgic words, describing the human being as a reflection of nature.

Thanks to Stephanie Siciarz, a dear friend as well as a colleague at Kent State University, for her introduction of the book. With her magical touch, she has been able to interpret my soul in continuous research of love and compassion. I have to thanks Stephanie also for her invaluable advice in the book's final revision.

Thanks to Andrew Wyatt who reviewed the English version of my poems. He treated them as if they were little flowers who have to be protected from being trampled.

Thanks to Paul Reed for his support in the translation of the book.

Thanks to everybody who have given me their unconditional friendship.

Finally, a big thanks goes to our boundless nature, in particular to the sea, "to my Adriatic Sea", which with its scent and its seasons has captured every moment of my existence.
I belong to the sea more than I can imagine, so deeply, that at times I have almost fear of it.

The sea with its smells and its calm gives me, every time, a new inspiration.

ALI - WINGS   Ilaria Massacesi de Arcangelis

Prendi forza dall'universo che ti circonda
guarda il cielo, con i suoi colori inimitabili
guarda il mare, il tuo mare è lì
ti aspetta
ti vuole seduta sulla sua sabbia
ad osservare l'orizzonte
dove tutto nasce.

Grazie a te, straordinario lettore!

ALI - WINGS Ilaria Massacesi de Arcangelis

Gain strength from the universe around you
look at the sky, with its inimitable colors
look at the sea, your sea is there
it is waiting you
it wants you be sitting on its sand
to observe the horizon
where everything is born.

Thank you, extraordinary reader!

Ilaria Massacesi de Arcangelis nasce a Roseto degli Abruzzi, piccola cittadina Abruzzese. Da giovanissima si trasferisce a Bologna per finire gli studi, diviene Dr. In Scienze Politiche presso l'Università Alma Mater Studiorum di Bologna. Si traferisce a Roma dove vive per otto anni prima di spostarsi negli Stati Uniti d'America, in Lussemburgo per poi tornare nuovamente negli Stati Uniti d'America.
Oggi è professoressa di Italiano presso la Kent State University nello stato dell'Ohio.

Ilaria Massacesi de Arcangelis was born in Roseto degli Abruzzi, a small city in the Abruzzo region of Italy. Ilaria is a graduated of the Alma Mater Studiorum University of Bologna (Italy). She lived and worked in Rome (Italy) for eight years before moving to the USA, in Luxembourg and finally back to USA.
She is currently Professor of Italian language at Kent State University in the state of Ohio.

ALI - WINGS   Ilaria Massacesi de Arcangelis

INDICE

Part I

Introduzione	10
– *Attimo impercettibile*	12
– *Tu*	14
– *Amore alla finestra*	16
– *Quel che non ho*	18
– *Mi ha dato*	20
– *Momento di sospensione*	22
– *Ali*	24

Part II

Introduzione	34
– *Vorrei*	36
Introduzione	40
– *Nebbie palpitanti*	42
Introduzione	44
– *Parassiti delle nostre vite*	46
Introduzione	48
– *Libertà*	50
Introduzione	52
– *Caldo fuoco*	54
Introduzione	56
– *Mamma*	58

Introduzione	60
– *La notte*	62
– *Dentro me*	64
Introduzione	66
– *Anima*	68
Introduzione	70
– *Il volo*	72
Introduzione	74
– *Amicizia*	76
Introduzione	78
– *La passeggiata*	80
– *Solitudine di una notte*	82
Introduzione	84
– *Inesorabile certezza*	86
Introduzione	88
– *eraM*	90
Introduzione	96
– *E' Natale*	98
Introduzione	102
– *deaR*	104
– *Amore*	106
Introduzione	108
– *Come si compie il mistero divino*	110
Introduzione	112
– *Vita che cresce in me*	114

CONTENT

Part I

Introduction	11
– *Imperceptible moment*	13
– *You*	15
– *Love at the window*	17
– *What I don't have*	19
– *He gave me*	21
– *Moment of suspension*	23
– *Wings*	25

Part II

Introduction	35
– *I wish*	37
Introduction	41
– *Pulsating mists*	43
Introduction	45
– *Parasites of our lives*	47
Introduction	49
– *Freedom*	51
Introduction	53
– *Warm fire*	55
Introduction	57
– *Mamma*	59

Introduction	61
– *The night*	63
– *Inside me*	65
Introduction	67
– *Soul*	69
Introduction	71
– *The flight*	73
Introduction	75
– *Friendship*	77
Introduction	79
– *The Walk*	81
– *Solitude of a night*	83
Introduction	85
– *Inexorable certainty*	87
Introduction	89
– *eraM*	91
Introduction	97
– *It is Christmas*	99
Introduction	103
– *deaR*	105
– *Love*	107
Introduction	109
– *How the divine mystery is fulfilled*	111
Introduction	113
– *Life that grows in me*	115

www.ingramcontent.com/pod-product-compliance
Lightning Source LLC
Chambersburg PA
CBHW031422290426
44110CB00011B/481